York St John
Library and Information Services
Normal Loan

Please see self service receipt for return date.

		D1493882

Fines are payable for late return

Si ringraziano:

Paolo Piazzesi per la piantina e le fotografie di Firenze,
Elisabetta Bonvino, Livia De Pietro,
Claudia, Francesco e Vittorio du Bessé,
Riccardo Fidenzi, Andrea Mele,
Francesca Terrenato, Alberto e Maria Trionfi,
che, a vario titolo, hanno partecipato alla realizzazione di
PER**CORSO GUIDA**TO - Guida di Firenze.

Progetto grafico e d.t.p.: interno**zero**
Illustrazioni: *Donatella Bazzucchi*

Bonacci editore srl
Via Paolo Mercuri, 8
00193 ROMA (Italia)
tel:(++39) 06.68.30.00.04
fax:(++39) 06.68.80.63.82
e-mail: info@bonacci.it
http://www.bonacci.it

1/1 1ᵃ ristampa della 1ᵃ edizione

Printed in Italy
© Bonacci editore, Roma 2000
ISBN 978-88-7573-360-5

INDICE

Com'è strutturata la guida

PER**CORSO GUIDA**TO è diviso in 9 brevi capitoli, ognuno dei quali è accompagnato da esercizi (molti con chiave), da figure esplicative, da alcune curiosità legate all'argomento del testo e da qualche informazione sulla parlata fiorentina. I temi dei capitoli sono quelli di una normale guida pratica: 1) il clima; 2) come arrivare; 3) i trasporti; 4) dove dormire; 5) gli itinerari; 6) la cucina; 7) le cinque cose; 8) cinema, teatro e musica; 9) i mercati.

A chi è diretta

È destinata a lettori che abbiano almeno una competenza post-elementare della lingua italiana e per il suo taglio può essere tanto integrativa ad un'unità didattica e quindi utilizzata in classe, quanto valere come lettura individuale per chi vive all'estero o in Italia.

Obiettivi

Offrire alla persona che studia italiano una maggiore competenza pragmatica della lingua e di conseguenza evidenziare le risposte della nostra cultura ad alcuni aspetti del quotidiano. Inoltre, considerando che ogni capitolo presenta argomenti ed attività differenti, il testo si adatta ad esercitare via via funzioni linguistiche diverse.

Vantaggi per il lettore

Il lettore all'estero, oltre ad affrontare un'attività di lettura di un testo che mi auguro piacevole, ha l'opportunità di conoscere nostri modelli culturali e fatti di costume, identificando così le diversità con quelli del suo paese d'origine.

Chi viene in Italia ha invece uno strumento in più per capire come affrontare situazioni differenti e quindi maggiori opportunità di entrare in contatto con italiani, evitando incomprensioni e avendo, forse, nel caso di chi soggiorna più a lungo, un rapido inserimento.

IL CLIMA

INVERNO

Nei mesi invernali freddo eccessivo e vento tagliente, ma non sarà certo il clima a fermarvi. Preparate i bagagli e partite subito, **destinazione Firenze**. Per affrontare la **tramontana**, temuto e forte vento che soffia da nord, ma anche grande spazzino di ogni forma di **inquinamento atmosferico**, basteranno dei vestiti adeguati, come ad esempio, una **giacca a vento** imbottita e con **cappuccio**, e delle **scarpe** comode, resistenti e pronte a tutto. Infine, non dimenticate un saggio e previdente **ombrello**.

CURIOSITÀ

L'inquinamento. Come quasi tutte le grandi città anche Firenze ha il problema dell'inquinamento, dovuto per lo più ai gas di scarico delle macchine e dei motorini. L'amministrazione locale prende delle iniziative per risolvere questa difficile questione e tiene informati i cittadini comunicando, ad esempio, i valori dell'ozono, del biossido di azoto e dell'ossido di carbonio.

PRIMAVERA

Sale sensibilmente la temperatura, ma purtroppo anche l'**umidità**, che a volte **va alle stelle**. Comunque, ricordate che, se avete voglia di **staccare la**

spina e prendervi una vacanza, i mesi primaverili sono forse i più indicati per visitare il capoluogo toscano. Tanta gente che passeggia per le strade e stracolmi i tavolini esterni dei bar del centro. Nei **fine settimana** si comincia ad andare sulle vicine e **dolci colline fiorentine** per prendere un gelato o mangiare una pizza insieme agli amici. Ma si sa, la primavera è capricciosa, quindi non dimenticate di portare con voi un leggero impermeabile e una prudente sciarpa.

CURIOSITÀ

Firenze: città del giglio. In primavera Firenze è adornata da tantissimi fiori: le roselline di Firenze rendono ancora più suggestiva la città, ma il giglio di Firenze è il fiore più caratteristico anche perché è l'insegna del comune e il simbolo della città. Chiamato comunemente giaggiolo (iris florentina), il giglio di Firenze è stilizzato in rosso su sfondo bianco fin dal 1251. Anticamente era bianco su campo rosso, cambiò dopo il prevalere dei guelfi sui ghibellini (guardare la curiosità a pagina 29).

ESTATE

Caldissimo. Piacevoli le passeggiate serali o notturne, ma diventa quasi impossibile affrontare le strade di Firenze nelle ore più calde. Meglio visitare un museo o fare come i fiorentini, che, appena possono, cercano un po' di **refrigerio** al mare, nella non lontana **Versilia** o sulla **costa livornese**, o in montagna, sull'**Abetone**. A chi non vuole fare lunghi spostamenti consigliamo una fuga sulle **colline** di **Fiesole** o **Settignano**, tradizionali mete estive.

Una **maglietta** a maniche corte, un paio di **pantaloni** leggerissimi o, magari, dei **calzoncini**, delle **scarpe di tela** ai piedi e... Firenze sarà vostra.

AUTUNNO

Un soggiorno a Firenze durante i mesi autunnali è sicuramente una buona idea. Gli **incantevoli colori** della città offrono ai visitatori dei **momenti magici**, ma occhio ai **nuvoloni neri** in agguato che possono rovinare le **dolci atmosfere** di questo periodo. Passano i giorni e si lasciano i tavoli esterni dei bar per le **accoglienti sale interne**. Anche per questo vi consigliamo di mettere nella vostra valigia un po' di tutto, dalla **giacca** pesante al **giubbotto jeans** e dal **maglione** alla **camicia**. Per i più freddolosi è raccomandabile un accorto paio di **guanti**.

Che tempo fa? Caldissimo o freddissimo?

Completate le frasi scegliendo tra la parola caldo e la parola freddo:

1) Fa un *(caldo / freddo)* .... torrido

2) Fa un *(caldo / freddo)* .... polare

3) Fa un *(caldo / freddo)* .... infernale

4) Fa un *(caldo / freddo)* .... soffocante

5) Fa un *(caldo / freddo)* .... pungente

C'è vento o non c'è vento?

Prima mettete nel giusto ordine le frasi che seguono, poi, indicate con il segno x la vostra scelta:

	c'è vento	non c'è vento
1) non foglia si una muove	☐	☐
2) soffia tagliente un vento	☐	☐
3) filo non di un vento c'è	☐	☐
4) ventaccio un c'è	☐	☐
5) orecchie c'è vento un taglia ti che le	☐	☐

Cosa mettere nella valigia?

Le frasi in elenco sono dei buoni consigli? Sì o no?
Indicate con il segno x la vostra scelta:

	sì	no
1) Se partite a gennaio portatevi dei maglioni pesanti.	☐	☐
2) Se partite a luglio non dimenticate un cappotto.	☐	☐
3) Se partite a novembre mettete in valigia solo cose di cotone.	☐	☐
4) Se partite a settembre portate esclusivamente abbigliamento di lana.	☐	☐
5) Se partite ad aprile è inutile portare cose leggere.	☐	☐

Occhio alle curiosità!

Le affermazioni che seguono sono vere o false?
Indicate con il segno x la vostra scelta:

	vero	falso
1) A Firenze non c'è assolutamente inquinamento.	☐	☐
2) Il simbolo di Firenze sono le roselline di Firenze.	☐	☐
3) Il simbolo di Firenze è stilizzato in rosso su sfondo bianco.	☐	☐
4) In inverno, a Fiesole, c'è un'importante rassegna artistica.	☐	☐
5) Il novello è un vino fatto invecchiare almeno un anno.	☐	☐

COME ARRIVARE

IN AEREO

Siete in aereo e i fortunati seduti vicino al finestrino potranno godere di una panoramica della città vista dall'alto. Dopo l'atterraggio **slacciatevi le cinture** di sicurezza e **trattenete l'emozione**: siete arrivati a Firenze, benvenuti. Passato l'eventuale controllo passaporti andate a prendere il vostro bagaglio e sarete finalmente pronti per raggiungere la città.

L'aeroporto di Firenze si chiama "**Amerigo Vespucci**" e si trova a **Peretola**, a cinque chilometri dal centro, non lontano dall'uscita Firenze nord dell'autostrada A1. Oltre che con il taxi, la città si può raggiungere con i **servizi autobus**, che collegano l'Amerigo Vespucci alla stazione ferroviaria centrale **Santa Maria Novella**.

FIRENZE NORD

AEROPORTO FIRENZE PERETOLA

A1

CURIOSITÀ

Amerigo Vespucci. Il celebre navigatore fiorentino guidò due spedizioni lungo le coste dell'America del sud. Intuì che le terre scoperte da Cristoforo Colombo non appartenevano all'Asia, ma ad un nuovo continente, che fu poi chiamato con il suo nome.

Esercizio 1

Rispondete alle domande:

1) Come si chiama l'aeroporto di Firenze?

....

2) Dove si trova?

....

3) Come si può raggiungere la città dall'aeroporto?

....

Esercizio 2

Riempite gli spazi vuoti scegliendo tra le parole in elenco:

Sono all'aeroporto di Buenos Aires e sto partendo per Firenze, ... il check in e .... il bagaglio, passo il controllo passaporti e dopo mezz'ora mi .... Salito in aereo, gli assistenti di .... mi indicano qual è il mio posto: è vicino al finestrino. L'aereo ...., il tempo di mangiare qualcosa e già superiamo le Alpi. Prendo un caffè e l'aereo già comincia ad .... Posso vedere dall'alto la Toscana e poi Firenze, che meraviglia! Dopo l'atterraggio slaccio le cinture di .... e subito dopo .... dall'aereo. Passo il controllo passaporti e vado a .... il bagaglio, esco dall'aeroporto e prendo un taxi per raggiungere in fretta il centro di Firenze.

atterrare; sicurezza; faccio; imbarco; volo; ritirare; decolla; lascio; scendo.

IN TRENO

Siete seduti in treno e dal finestrino del vostro scompartimento potete ammirare l'incantevole paesaggio toscano: gli **Appennini** dai tanti colori o le dolci **colline**. Poi finalmente il treno si ferma e voi vi trovate nella città dei sogni per eccellenza. Uscite dalla stazione **Santa Maria Novella** e iniziate subito una **scorpacciata** (scorpacciata? grande mangiata) di arte & cultura.

Preparatevi alle prossime tappe del vostro viaggio, quelle che la città vi obbliga a fare a ritroso nel tempo, abbinando continuamente il presente al suo celebre passato.

A Firenze ci sono altre stazioni, ricordiamo quella di **Rifredi**, importante fermata di alcune corse del treno veloce **Eurostar** e la **Stazione Castello**, comoda per chi vuole visitare l'**Accademia della Crusca**.

CURIOSITÀ

L'Accademia della Crusca. L'Accademia della Crusca è stata fondata a Firenze nel 1582 da diversi letterati con lo scopo di purificare la lingua italiana, separando la crusca dalla farina, eliminando, cioè, i vocaboli impropri. L'Accademia ebbe come attività essenziale la compilazione del celebre *Vocabolario della Crusca*, più volte aggiornato e ampliato. Ha sede nella Villa Medicea di Castello.

Trovate il corrispondente di ogni modo di dire elencato nella colonna A tra le frasi della colonna B:

A
perdere il treno
finire su un binario morto
uscire dai binari
fare le valigie
rientrare nei binari

B
ritornare alla normalità
andarsene
lasciarsi sfuggire un'occasione
trovarsi in una situazione senza sbocchi
andare fuori argomento

Le affermazioni che seguono sono vere o false?
Indicate con il segno x la vostra scelta:

	vero	**falso**
1) L'Accademia della Crusca è stata fondata dai fornai di Firenze.	☐	☐
2) La stazione più importante di Firenze è la Stazione Rifredi.	☐	☐
3) Il Vocabolario della Crusca è stato più volte ridotto.	☐	☐
4) La Stazione Castello è vicino all'Accademia della Crusca.	☐	☐

IN AUTO

Siete in auto e volete raggiungere il centro della città? State molto attenti allora, perché il rischio è di collezionare un numero esagerato di multe. Infatti il centro storico è zona in gran parte pedonale e allora... **"non fate i bischeri"**.

E se proprio avete deciso di arrivare con l'auto, il nostro consiglio è di lasciare la macchina in uno dei tanti parcheggi a pagamento.

Ricordatevi, comunque, che l'autostrada A1 permette un agevole accesso alla città. Le stazioni di **uscita** sono **Firenze nord**, **Signa**, **Certosa**, **Firenze sud** e tra queste, la prima e l'ultima, convengono per raggiungere più facilmente il centro storico.

CURIOSITÀ

I Bischeri. Camminando per le strade di Firenze vi può capitare di sentire la parola "bischero" che ha il significato di "sprovveduto", "stupido". Il senso di questo termine è spiegato da un aneddoto: nel Duecento, un' importante famiglia di Firenze, i Bischeri appunto, possedeva delle case sull'area dov' era previsto un ampliamento della Cattedrale di Santa Maria del Fiore. I Bischeri, nel tentativo di guadagnarci molto, portarono a lungo le trattative per la cessione delle case, che, un giorno, vennero distrutte da un incendio.

All'ex prestigiosa famiglia fiorentina non rimase nulla, se non la fama di sprovveduti.

Trovate le espressioni più adatte a sostituire nel testo i termini in elenco, così come i loro contrari:

	equivalenti	**contrari**
1) arrivare	....	....
2) agevole	....	....
3) volete	....	....
4) lasciare	....	....
5) esagerato	....	....
6) ricordatevi	....	....
7) facilmente	....	....

CURIOSITÀ

Collodi & Pinocchio. Avete letto Pinocchio? La favola per grandi e piccini è stata scritta da Carlo Lorenzini, conosciuto come Collodi. L'autore della storia del burattino di legno abitò a Firenze in via dei Rondinelli 7, vicino Via de' Tornabuoni. Nel suo *Le avventure di Pinocchio*, prima pubblicato a puntate sul "Giornale dei bambini" e poi come libro, alcuni critici riconoscono lo stile toscano e, in parte, anche il senso dell'umorismo fiorentino.

Pinocchio: "Una volta saliti in autobus, bellissime hostess vi daranno una copia del vostro giornale preferito e vi faranno accomodare su poltrone di velluto rosso dotate di cuffie per chi vuole ascoltare della buona musica..."

Ovviamente non è così, però muoversi con i mezzi dell'Ataf (l'azienda che gestisce il servizio pubblico a Firenze) non è affatto male.

L'intera città è coperta da circa settanta linee di autobus. La notte c'è qualche problemino in più e vi consigliamo di informarvi sugli orari. Potete comunque contare sugli autobus notturni che passano per il centro.

I biglietti si possono acquistare presso i distributori automatici, i bar e le tabaccherie e ne esistono per ogni esigenza: ci sono biglietti validi 60 minuti, 3 ore o 24 ore e tante diverse possibilità di abbonamento. Una volta saliti sull'autobus timbrate subito il biglietto, altrimenti pagherete multe salate (salate? molto care) proprio come chi viene trovato senza.

A chi vuole avere informazioni più dettagliate e continuamente aggiornate su biglietti, abbonamenti e tariffe, suggeriamo di visitare il sito internet dell'Ataf:

http://www.ataf.net

Esercizio 1

Rispondete alle domande:

1) Dove si possono comprare i biglietti e le tessere di abbonamento?

....

2) Quando deve essere timbrato il biglietto?

....

3) Cosa succede se vi trovano senza biglietto?

....

Esercizio 2

*Ecco un elenco di frasi prive di attestazioni scritte precedenti a "Pinocchio", ma diffuse nell'uso vivo toscano dell'epoca e ora affermate in tutta la penisola. Le frasi sono tratte da uno studio di Lucilla Pizzoli sul contributo di "Pinocchio" alla lingua italiana. Trovate i corrispondenti tra la colonna **A** e quella **B**:*

A	B
1) alto come un soldo di cacio	**a)** vedere male per ubriachezza
2) legare come un salame	**b)** grande quantità di soldi
3) chi s'è visto s'è visto	**c)** riavere le forze
4) fior di quattrini	**d)** in pochissimo tempo
5) vedere doppio	**e)** immobilizzare in modo molto stretto
6) dall'oggi al domani	**f)** chi se ne importa
7) rimettere al mondo	**g)** basso di statura

Tutti vogliono visitare Firenze almeno una volta nella vita. E la città è pronta ad esaudire questo desiderio offrendo una rete di accoglienza per le più svariate esigenze e per tutti i gusti.
I tanti turisti possono scegliere tra campeggio, agriturismo, albergo, camera in casa privata o appartamento. L'unica raccomandazione? Prenotate in anticipo, soprattutto se pensate di arrivare durante le festività pasquali.

CAMPEGGIO

Siete amanti delle **vacanze all'aria aperta** e vi piace il **verde** e la **libertà**? Vi sentite a vostro agio tra **tende**, **camper** e **roulotte**? Sì?
Allora, a voi intrepidi e avventurosi viaggiatori vi consigliamo di non rinunciare ad un soggiorno in uno dei **campeggi della città**. Solo un suggerimento: non dimenticate di telefonare all'**APT** di Firenze (guardare l'agenda a pag.73) per avere maggiori informazioni soprattutto sui periodi di apertura e sui collegamenti con la città.

AGRITURISMO

Trovare una sistemazione tra le affascinanti colline intorno alla città che hanno da sempre stregato artisti e stranieri non è difficile. Da qualche anno i **complessi agrituristici** propongono **straordinarie opportunità** per **alloggiare fuori città**. Un altro vantaggio da non sottovalutare è che con pochi minuti d'auto si può raggiungere uno dei parcheggi vicino al centro storico.

OSTELLO

Se siete studenti dalle **tasche in difficoltà** o con **portafoglio fiacco**, Firenze vi offre l'occasione per un soggiorno di studio o di vacanza: i tre ostelli della città. Il centrale **Archi Rossi**, dalla piacevole atmosfera, il periferico **Villa Camerata**, bello ed accogliente e il **Santa Monaca**, in Oltrarno, un po' fuori dal centro. A voi la scelta!

CAMERA IN AFFITTO

A Firenze il mercato delle **camere in affitto** è florido e trovare un posticino tutto per voi al centro o in periferia non è operazione complicata. Per i vostri **soggiorni da veri fiorentini doc** c'è ampia scelta: da **appartamenti** vicino Piazzale della Signoria alle **ville** sulle colline, dagli **antichi palazzi** alti e stretti stile torri, situati proprio nel cuore di Firenze, agli appartamenti in periferia o nei comuni limitrofi, sicuramente più a buon mercato.

ALBERGO

Dagli **alberghi a cinque stelle**, con atmosfere raffinate e stanze dotate di ogni comodità, alle **pensioncine** dall'ambiente familiare, magari in qualche stradina tranquilla e defilata, il numero dei posti letto a Firenze è veramente alto, ma trovare una camera è facile solo in teoria, perché in realtà conviene sempre **prenotare in anticipo** se non si vuole rischiare di passare la notte in alloggi d'emergenza.

TEST

■ scoprite il vostro itinerario per una vacanza a due

Scegliete la risposta A, B o C per ognuno dei tre quesiti, poi controllate se avete risposto con più A, più B o più C. A ciascun risultato corrisponde un itinerario adeguato alla vostra idea di vacanza a due. Chi non risponde più volte con la stessa lettera avrà comunque un itinerario da percorrere:

Avete scelto per la vostra vacanza fiorentina un **campeggio**. Durante una notte con molto vento vi accorgete che sono saltati i **picchetti** della vostra **canadese**. Uscite dal **sacco a pelo** e guardate nello **zaino** se trovate una **torcia elettrica**: niente. Intanto una ventata fa crollare definitivamente la fragile **tenda**. Cosa fate?

A)   Vi sedete, vi godete il vento e lasciate che la tenda voli via.

B)   Andate a dormire in albergo.

C)   Svegliate tutti i campeggiatori cercando qualcuno che vi aiuti.

State passando la notte in un'**azienda agrituristica** a pochi chilometri da Firenze e avete scelto una bella e spaziosa stanza, **arredata** in stile **rustico**. Siete contenti anche perché la mattina dopo vi aspetta una colazione con i **prodotti biologici** dell'azienda, **sani e naturali**: **pane**, **miele**, **marmellata** e **burro**. Ma avete lasciato la finestra aperta e vi accorgete che nella stanza è entrato un ospite non desiderato: un **grillo** dall'aspetto poco piacevole. Cosa fate?

A)   Lasciate la stanza, arrabbiati per il servizio.

B)   Schiacciate il grillo.

C)   Vi addormentate sperando che il grillo canti.

È la vostra prima notte di un primo **soggiorno** a Firenze. Avete una **doppia con bagno** in un albergo a **tre stelle** del centro. Ambiente riservato, **frigo-bar** efficiente. Ma al mattino, dopo un'ottima **colazione in camera** servita in **guanti bianchi**, aprite la finestra e... grandissima delusione: vi accorgete di non avere una **camera con vista** sulla città. E, adesso, cosa fate?

A)   Chiedete a chi ha una camera con vista se scambia la sua con la vostra.

B)   Per dispetto ogni notte svegliate tutti.

C)   All'alba salite sul tetto dell'albergo per godervi un magico spettacolo solo per voi.

MAGGIORANZA DI A:
ITINERARIO "ELISABETH BARRETT E ROBERT BROWNING"

Per voi sognatori ad occhi aperti un ineguagliabile colpo d'occhio. Cominciate il vostro itinerario da **Piazzale Michelangelo**, tappa obbligata per una vacanza memorabile.

È l'ora del tramonto e davanti a voi Firenze, la città delle emozioni, fatta per i cacciatori di **tesori d'arte** e di **momenti indimenticabili**.
E ora mano nella mano iniziate la vostra passeggiata percorrendo in discesa **Viale Giuseppe Poggi** fino a raggiungere l'omonima piazza. Un breve sguardo al fiume argentato e continuate per **Lungarno Cellini**. In quest'angolo d'Oltrarno venivano spesso a passeggiare i poeti inglesi Elisabeth Barrett e Robert Browning.
La loro intensa storia d'amore contribuì a ispirare il mito di Firenze come città libera e solare.

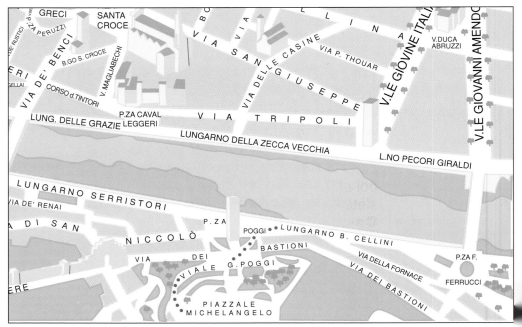

Itinerario **Elisabeth Barrett e Robert Browning**

Esercizio

Rispondete alle domande:

1) Da dove inizia l'itinerario?

....

2) Come si chiama la prima strada che dovete percorrere?

....

3) Quale piazza raggiungete?

....

4) Da lì che strada dovete prendere?

....

5) Come si chiama questa parte di Firenze?

....

Siete a **Piazza della Signoria** e dopo qualche carezza e qualche bacio sotto la **Fontana del Nettuno**, chiamato dai fiorentini "il Biancone", iniziate il vostro itinerario abbracciati:

andate verso **Via dei Cerchi**, prendetela e percorretela. Girate alla terza traversa a destra e poi alla prima a sinistra:

siete a **Via S. Margherita**, passate davanti alla **Casa di Dante**, andate a destra e prendete **Via del Corso**.

Sempre in Via del Corso c'è **Palazzo Portinari Salviati da Cepparelli**, lì nacque Beatrice, la musa del divino poeta. Proseguite fino a **Via del Proconsolo**, dove, come racconta la leggenda, durante la messa alla **Badia Fiorentina**, Dante poteva scorgere Beatrice.

CURIOSITÀ

Dante Alighieri. Il sommo poeta nacque nel 1265 da una famiglia della piccola nobiltà. Dedicò rime d'amore, raccolte nella *Vita Nuova*, a Beatrice Portinari. *Le Rime*, invece, contengono le altre poesie giovanili. Scrisse la *Divina Commedia* per motivi politici, ma l'opera trascende da ogni questione occasionale ed è capolavoro di universale bellezza per la struttura e per la ricchezza di sentimenti umani che vi trovano espressione.

CURIOSITÀ

Il Biancone. Il Biancone è un nome forse troppo amichevole e irriverente per Nettuno, il dio del mare, la statua che si trova a Piazza della Signoria e che fa parte del maestoso complesso cinto da bronzi che rappresentano ninfe e satiri. La Fontana del Nettuno venne commissionata dai Medici a Bartolomeo Ammannati nel 1572 per esaltare gli obiettivi marinari del Granducato.

Esercizio

Tracciate sulla cartina il percorso dell'itinerario "Dante e Beatrice".

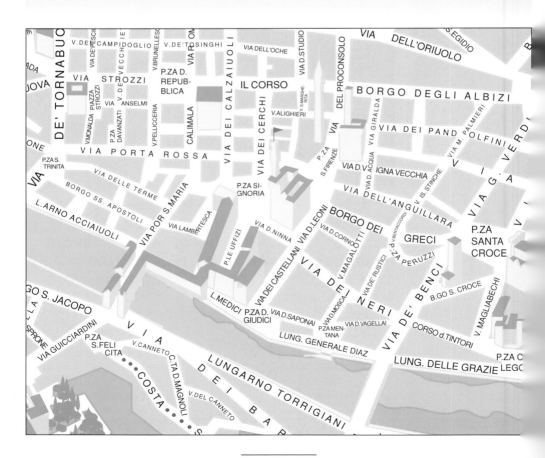

Una meta da non perdere è l'antica, caratteristica e suggestiva **Costa di San Giorgio**: affrontate la dolce salita che da **Piazza Santa Felicita** sale fino all'ingresso del **Forte Belvedere**. Una volta giunti in cima, rimanete in silenzio e, a bocca aperta per lo stupore, contemplate la parte meridionale del **Giardino di Boboli**.

Visitate senza fretta una Firenze lontana dalle classiche rotte del turismo e dal traffico. Una passeggiata quasi obbligata per voi superinnamorati che vi permetterà di ammirare una Firenze dall'alto in uno scenario di stupefacente bellezza. La grandiosità del Giardino di Boboli, voluto dai Medici intorno alla metà del Cinquecento ed esempio di "architettura verde", non vi deluderà. Anzi, contribuirà a rendere ancora più seducente il vostro soggiorno a Firenze.

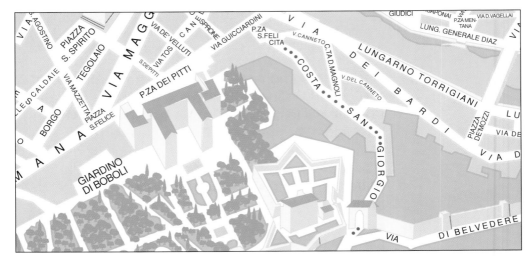

Itinerario **Baci e abbracci**

I Medici. La famiglia dei Medici, mantenendo il potere per tre secoli, segna la storia di Firenze tra il 1434 e il 1737. In questo arco di tempo nella famiglia dei Medici nacquero tre pontefici e due regine di Francia, Caterina e Maria. Ma il personaggio più significativo e amato dai fiorentini è Lorenzo il Magnifico, eccezionale uomo politico e generoso mecenate delle arti.

Esercizio

E se poi vi sposate? Allora dovete tornare a Firenze almeno per gli anniversari più importanti. Trovate i giusti collegamenti tra gli anni di matrimonio e il materiale di riferimento per un regalo d'anniversario.

anni di matrimonio

1 / 2 / 3 / 10 / 15 / 20 / 25 / 50 / 60

materiali

stagno / diamante / porcellana / cuoio / carta / oro / cristallo /

argento / cotone

L'amore non è bello se non è litigarello è un verso di una vecchia canzone che sembra **calzare a pennello** per voi dal **caratterino tutto pepe**.

Uno vuole affrontare un **trekking sui colli**, l'altra visitare gli **Uffizi**, nessuno dei due cede. Iniziano i malumori, poi scatta qualche parola di troppo, allora arrabbiati vi dividete, ognuno per la sua strada.

Ma dopo un po' chi voleva andare a visitare gli Uffizi si pente e corre sui colli a cercare la **dolce metà**; l'altro, che voleva fare il trekking sente troppo la mancanza del partner e svelto svelto va a setacciare gli Uffizi alla sua ricerca.

Vi ritroverete solo la sera, nella vostra stanzetta e dopo qualche dolce carezza riesplode il litigio: "Hai veramente pensato che non ti avrei cercato?!"

CURIOSITÀ

Guelfi e ghibellini. L'origine dei nomi risale al conflitto tra i duchi di Baviera (da Wellf, nome di un leggendario personaggio, deriva il termine guelfo) e gli imperatori di Svevia (da Waibling, nome di un castello tedesco, deriva il termine ghibellino). In seguito i due termini passarono ad indicare chi, nella lotta tra papato (guelfi) ed impero (ghibellini), parteggiava per l'uno o l'altro.

Cosa succede? Ricostruite i fatti mettendo nel giusto ordine le fasi che seguono:

1) I due rissosi fidanzati si separano

2) I due innamorati hanno un primo battibecco

3) La coppia di spasimanti si rappacifica

4) Tra gli amanti appassionati non c'è pace,
scoppia un nuovo parapiglia

5) I due piccioncini, bramosi l'uno dell'altra, si cercano pentiti

1) ....
....

2) ....
....

3) ....
....

4) ....
....

5) ....
....

AL BAR

Dietro l'angolo c'è il bar. Dietro il **bancone** del bar c'è il **barista**, impegnato nella preparazione dei richiestissimi **caffè** o **cappuccino**, nella diffusione della **brioche** e nella distribuzione della **schiacciata all'olio**, una specialità fiorentina simile alla pizza bianca romana e alla focaccia genovese.

Chi vuole può tenersi informato sugli argomenti che più gli interessano. Infatti, al bar, si discute su qualsiasi tema, dal pettegolezzo di quartiere ai grandi problemi dell'economia mondiale.

Ma il bar è importante anche perché ci si gioca la **schedina** del **totocalcio** e soprattutto il **superenalotto**.

CURIOSITÀ

Il superenalotto. Per partecipare al concorso del "superenalotto" bisogna compilare una scheda secondo determinate regole, cercando di indovinare i 6 numeri della combinazione vincente. C'è chi ha vinto oltre quaranta milioni di euro facendo 6, ma si può vincere anche con il 3, il 4, il 5 e il 5+1 (il regolamento prevede l'esistenza di un numero jolly).

Non solo concorsi e lotterie. In elenco c'è un gioco di carte,
scoprite quale:

1) Totocalcio   **2)** Totogol   **3)** Lotto

4) Scopa   **5)** Gratta e vinci   **6)** Totosei

PANE E LAMPREDOTTO:
PANINO PER I VOSTRI DENTI

Siete per la strada e all'improvviso vi accorgete di
avere una **pancia** da riempire? Bene, allora i
lampredottai fanno al caso vostro ed è lì che la
vostra **gola** rimarrà soddisfatta.

Un bel panino col lampredotto accompagnato da
un buon bicchiere di vino, facendo però attenzione
a non **alzare troppo il gomito** e via, **gambe
in spalla**, a riprendere quello che avevate
interrotto!

Dalla testa ai piedi. Trovate il corrispondente di ogni espressione della colonna **A** tra le espressioni della colonna **B**.

A	B
1) Avere la testa sulle spalle	**a)** Essere molto arrabbiato
2) Occhio per occhio, dente per dente	**b)** Chiedere di non svelare un segreto
3) Acqua in bocca!	**c)** Essere riflessivo
4) Avere un diavolo per capello	**d)** Bere in modo eccessivo
5) Alzare il gomito	**e)** Essere abile, bravo
6) Essere in gamba	**f)** Correre velocemente
7) Avere le ali ai piedi	**g)** Vendicarsi

LAMPREDOTTO, COS'È?

È il buono e sostanzioso **spuntino** dei fiorentini. Si tratta della parte più scura della **trippa** ed è chiamato così perche ricorda la bocca della **lampreda**, una specie di **anguilla** in passato molto utilizzata nella cucina fiorentina. Questa vera **leccornia**, esclusiva per chi ama i sapori della cucina povera e **spauracchio** dei **vegetariani**, si trova con facilità in tutte le zone di Firenze. Viene bollita, condita con odori, pepe, sale e servita in mezzo al pane.

CURIOSITÀ

Il pane toscano. Il pane toscano è senza sale e, forse, per questo, non a tutti piace. Ma basta abituarsi per poi rendersi conto che, così preparato, il pane prende molto di più il sapore dei cibi che lo accompagnano.

ANDATE A PIEDI A MANGIARE IN PIEDI

Prendete l'arte e mettetela da parte.
Lasciate per un momento i vostri itinerari artistici e dirigetevi in un **vinaino**, chiamato anche con il nome di **fiaschetteria**. Cos'è un vinaino? È una specie di **osteria**, dove si beve vino e si mangia, però non seduti, ma in piedi o a volte su tavolini alla buona. E cosa si mangia? Ma i **crostini**! Ad esempio con i **fegatini** o con la **milza**. Delle vere delizie per il palato, meglio ancora se accompagnati da un vino come si deve. Vengono preparati in tante maniere differenti, quindi, seguite il vostro istinto. Al **pane** tagliato **a fette**, vecchio di due o tre giorni, **abbrustolito** e leggermente **bagnato nel brodo**, si aggiungono i più svariati ingredienti, insomma, crostini per tutti i gusti.

MANGIARE IN TRATTORIA

Assolutamente da non mancare una **sosta gastronomica** in una delle tante **trattorie** della città per ritrovare i sapori autentici della cucina fiorentina. E dove andare se non in trattoria per provare, in un'atmosfera familiare, la classica **fiorentina**, l'intramontabile **ribollita**, gli ottimi **fagioli** o uno dei tanti dolci, dalla **torta della nonna** alla **schiacciata**. L'ottima qualità del vino e dell'**olio extra vergine d'oliva** vi porterà poi ad apprezzare ancora di più i piatti tipici di Firenze. Purtroppo, però, altri piatti tradizionali sono quasi del tutto scomparsi.

MANGIARE AL RISTORANTE

Offerta vastissima. Va al ristorante chi vuole mangiare in un ambiente curato, con un **servizio di qualità** e con una **cucina meno casalinga** di quella delle trattorie. Si può scegliere di tutto dalla **cucina tradizionale** fiorentina a quella di altre regioni italiane, dal **ristorante vegetariano** a quello che propone **cucine straniere**. Se, dopo aver consultato la **lista dei vini**, scegliete di ordinare un vino pregiato, preparatevi ad un conto salato (salato? molto caro).
Stesso discorso per il **pesce fresco**.

Esercizio 3

Se invitate qualcuno a mangiare da voi, come apparecchiate la tavola? Questione di buone maniere o regole funzionali?
Siete bravi padroni di casa? Rispondete alle domande per saperlo!

1) Operazione posate, quale deve essere la loro disposizione?

Cucchiaio: ....
Coltello: ....
Forchetta: ....
Posate da dessert: ....

2) Come ordinare i tre bicchieri? E a cosa servono?

Il più grande: ....
Un altro un po' più piccolo: ....
Il più piccolo: ....

3) Come orientarsi per i piatti?

Il piatto fondo: ....
Il piatto piano: ....
Il piatto per gli antipasti: ....

Siete stati invitati a cena da conoscenti, come comportarsi?
Secondo voi gli atteggiamenti in elenco rientrano nella norma?

	sì	no
1) Parlare con la bocca piena	☐	☐
2) Annacquare il vino	☐	☐
3) Posare il cellulare acceso sulla tavola	☐	☐
4) Intavolare dialoghi con commensali troppo lontani da voi	☐	☐
5) Utilizzare il tovagliolo come un bavaglino	☐	☐
6) Giocare con la mollica del pane	☐	☐
7) Fumare tra un piatto e l'altro	☐	☐
8) Dire "buon appetito!" prima di iniziare a mangiare	☐	☐
9) Chiedere di accendere la televisione	☐	☐
10) Soffiare sulla minestra	☐	☐

CURIOSITÀ

La forchetta. La prima parte del Trecento rappresentò per Firenze un periodo di grandi fermenti e il fiorino d'oro divenne la moneta più pregiata del continente. Il momento positivo influenzò anche la gastronomia e si cominciò a mangiare in modo più raffinato. Nella prima metà del secolo già si cominciava ad utilizzare la forchetta, strumento sconosciuto nel resto d'Italia e d'Europa.

Alcune informazioni sulla **cucina fioren-tina** vi aiuteranno al momento delle ordinazioni.

Agli sott'aceto: *aglio, aceto, salvia, pepe e sale, è una ricetta semplice e soprat-tutto tattica. Infatti, l'aglio, così preparato, vi lascerà un alito sopportabile. Ottimo antipasto. Consigliato con gli aperitivi.*

Bistecca alla fiorentina: *forse il piatto più conosciuto della cucina fiorentina. Tra i 600 e gli 800 grammi di carne di manzo, taglio particolare usato a Firenze, con osso centrale a "T" e altezza di circa due dita. Cottura: al sangue al centro e ben arrostita in superficie.*

Cenci: *dolci tipici del carnevale; sono fritti e ricoperti di zucchero, in Veneto li chiamano "galani" e a Roma "frappe".*

Cibreo: *piatto di antichissima tradizione, da assaggiare assolutamente anche se gli ingredienti principali sono forse poco adatti ad uno stomaco debole: fegatini, cuori, creste e fagioli di pollo (i fagioli non sono i veri fagioli, ma i testicoli del pollo).*

Fagioli all'olio: *serviti caldi sono ottimi. Fagioli, aglio, salvia, sale, pepe e, ovviamente, olio extra vergine d'oliva. Ricetta semplice, ma dai gustosi risultati.*

Fettunta: *pane tagliato a fette, abbrusto-lito e condito con aglio, olio e sale. Ghiotto antipasto, conosciuto anche con il nome di bruschetta.*

Panzanella: *è un piatto molto semplice, conosciuto anche con il nome di pan bagnato. Nato nelle campagne e dalla*

necessità di inventare un modo per utiliz-zare in cucina il pane avanzato. Gli ingredienti? Pane, cipolle, pomodori, cetrioli, basilico, olio, aceto e sale.

Penne strascicate: *primo piatto da leccarsi i baffi e quasi sempre presente nelle trattorie. Le penne sono un tipo di pasta corta, mentre il verbo strascicare vuol dire: trascinare o muovere lentamente. In pratica, quando sono a metà cottura, bisogna scolare e versare le penne in un sugo a base di carne. Poi, per farle ben insaporire, vanno strasci-cate per una decina di minuti nel condimento e, infine, servite caldissime.*

Ribollita: *cavolo nero, verza, bietola, fagioli, patate, passato di pomodoro, pane, cipolle, aglio, olio, sale e pepe sono gli ingredienti della ribollita, una zuppa che viene servita calda e senza formaggio, orgoglio della Firenze gastro-nomica. Chiamata anche "zuppa del giorno dopo".*

Schiacciata con l'uva: *gustoso dolce autunnale preparato durante il periodo della vendemmia. Gli ingredienti sono uva nera, farina bianca, zucchero, sale, olio e lievito.*

Zuccotto: *ricetta per i più golosi e per gli esperti della preparazione di dolci. Pan di Spagna, cioccolato, zucchero a velo, mandorle, arancio e cedro canditi, panna da montare e un po' di liquore dolce. Un buonissimo semifreddo.*

La pappa col pomodoro

"Ecco quanti e quali ingredienti servono per sei persone:

300 grammi di pane casalingo raffermo *(raffermo? vecchio, duro)*,
5 etti di pomodori maturi,
2 spicchi d'aglio,
un litro di brodo,
basilico,
olio extravergine di oliva,
sale e pepe.

Mettete 2 cucchiai d'olio in un tegame e fateci rosolare due spicchi d'aglio. Quando l'aglio comincia a prendere colore aggiungete i pomodori tagliati a pezzi, un bel po' di basilico, sale, pepe e cuocete per quindici minuti.

Ora versate il brodo bollente e...

...appena riprende il bollore, aggiungete il pane tagliato a fette sottili. Fate cuocere per altri quindici minuti e ricordatevi di girare spesso. Poi, togliete il tegame dal fuoco.

Dopo un'ora rimettete il tegame nel fuoco e mescolate energicamente per sciogliere completamente il pane.

Ed ecco il risultato! Mangiatela calda insieme agli amici e non dimenticate di aggiungere un filo d'olio extra vergine d'oliva e qualche fogliolina di basilico fresco. Mi raccomando: niente formaggio!"

Legenda dei principali monumenti

1. Cattedrale di Santa Maria del Fiore
2. Campanile di Giotto
3. Battistero di San Giovanni
4. Casa di Dante
5. Palazzo dell'Arte della Lana
6. Badia fiorentina
7. Bargello
8. Palazzo vecchio
9. Loggia de' Lanzi
10. Galleria degli Uffizi
11. Ponte vecchio
12. Orsanmichele
13. Loggia del Mercato nuovo
14. Palazzo Strozzi
15. Palazzo e Loggia Rucellai
16. Palazzo Davanzati
17. Santa Maria Novella
18. Stazione di Santa Maria Novella
19. Palazzo dei Congressi
20. San Lorenzo e Sagrestia nuova
21. Palazzo Medici-Riccardi
22. Cenacolo di Sant'Apollonia
23. Accademia
24. Chiesa e convento di San Marco
25. Santissima Annunziata e Ospedale degli Innocenti
26. Santa Croce e Cappella de' Pazzi
27. Biblioteca nazionale centrale
28. Giardino di Boboli
29. Palazzo Pitti
30. Santo Spirito
31. Santa Maria del Carmine e Cappella Brancacci
32. Museo della Scienza
33. Palazzo degli Affari
34. Teatro Comunale
35. Fortezza da Basso
36. Piazzale Michelangelo
37. Forte di San Giorgio (Belvedere)
38. Sinagoga ebraica
39. Chiesa americana
40. Ognissanti
41. Archivio di Stato

Quali sono secondo i fiorentini le cinque cose per cui vale la pena di vivere a Firenze?

Da chi ama il **colore viola** delle maglie della **Fiorentina**, la squadra di calcio della città, a chi non potrebbe fare a meno dell'**umorismo** che ne caratterizza gli abitanti, da sempre famosi per le **burle**. E i turisti? Quali sono le cinque cose per cui vale la pena di visitare la città? Se vi interessa sapere i gusti dei fiorentini e dei turisti, da quello **mordi e fuggi** a quello che soggiorna più a lungo, non dovete far altro che leggere il **sondaggio** che la vostra **Guida di Firenze** ha curato per voi.

■ FIORENTINI

Abbiamo chiesto a cento fiorentini di diversa età quali sono le cinque cose per cui vale la pena di vivere a Firenze. La maggior parte degli intervistati ha inserito nella propria **top five** la Fiorentina, amata da tutti: giovani, anziani, uomini e donne. Buon risultato per il **fiorentino**, a molti piace parlarlo, ma soprattutto ascoltarlo per la strada. Sorprendente il risultato di **fare forca** (in italiano standard **marinare la scuola**, a Milano **bigiare** e a Roma **fare sega**. Nel dizionario si legge: *assentarsi da scuola prendendosi una vacanza arbitraria*) e un po' deludente quello di **fare lo struscio** per le strade del centro (fare lo struscio, così come **fare le vasche**, ha il significato di passeggiare per le strade affollate senza un vero motivo, ma per guardare ed essere guardati).

I NUMERI

I cento intervistati hanno dato la loro preferenza a circa 150 voci. Ecco la top five, con accanto i relativi voti ottenuti, la classifica di consolazione dal sesto all'ottavo posto e la voce arrivata all'ultimo posto:

TOP FIVE

1)	la Fiorentina	**87**
2)	fare forca	**61**
3)	il fiorentino	**43**
4)	prendere una cioccolata in Piazza della Signoria	**31**
5)	il vino	**26**

CLASSIFICA DI CONSOLAZIONE

6)	scherzare, ma soprattutto fare scherzi	**24**
7)	fare lo struscio	**15**
8)	le feste organizzate dagli amici	**8**

ULTIMO POSTO

Sono arrivate ultime ex aequo, le voci:

Andare dal droghiere vicino casa mia	**1**
La portiera del palazzo di fronte	**1**
Il saluto dello sconosciuto alla fermata dell'autobus	**1**
Gli amici del bar	**1**

Scegliete tra le alternative proposte l'affermazione che corrisponde al testo.

A

1) A nessuno degli intervistati piace parlare il fiorentino.

2) A tutti gli intervistati piace parlare il fiorentino.

3) A tanti intervistati piace parlare il fiorentino.

B

1) La squadra viola non è molto seguita dai fiorentini.

2) La maggioranza degli intervistati ha votato per la Fiorentina.

3) Meno della metà ha votato per la Fiorentina.

C

1) In molti hanno dato la preferenza a "fare forca".

2) Stupisce negativamente il risultato di "fare forca".

3) Deludente il risultato di "fare forca".

CURIOSITÀ

Le burle Nel 1550 viene pubblicata l'opera del Vasari *Le vite dei più eccellenti pittori, scultori e architetti*. Qui oltre a descrivere ed esaminare la vita e le attività degli artisti italiani vissuti nell'arco di tre secoli, vengono raccontati i divertenti e, spesso, elaborati scherzi che questi organizzavano. Ma già Boccaccio nelle sue novelle narrava di straordinarie burle. Ad esempio quelle di un pittore, Buonamico Buffalmacco, eccezionale burlone.

CURIOSITÀ

Il fiorentino. Il fiorentino rappresenta la base dell'italiano e viene identificato con la lingua nazionale. I fiorentini, però, hanno sviluppato una pronuncia particolare. Il fenomeno più evidente è la gorgia toscana, vale a dire l'aspirazione di alcune consonanti che vengono pronunciate con la gola. Ad esempio la **t** e la **p**, ma soprattutto la **c**. Quando queste consonanti si trovano tra due vocali vengono pronunciate come aspirate. La parola *casa* può essere pronunciata: 1) *la hasa*, perché la **c** si trova fra due vocali 2) *per casa*, perché prima della **c** c'è una consonante. Gli italiani che vogliono imitare per scherzo il fiorentino dicono la frase: "voglio una hoha hola halda hon la hannuccia", che in italiano sarebbe "voglio una coca cola calda con la cannuccia".

Il calcio fiorentino. A proposito della Fiorentina vi segnaliamo un evento tradizionale: il calcio storico fiorentino. A giugno quattro squadre, che rappresentano i quartieri storici di Firenze: Santo Spirito, Santa Maria Novella, San Giovanni e Santa Croce, si contendono la vittoria, partecipando ad un torneo a Piazza Santa Croce. Le squadre disputano le partite con ventisette giocatori in costume d'epoca, in un gioco simile al calcio, ma con qualcosa del rugby. La manifestazione continua ad avere le stesse regole della prima partita disputata intorno al 1530.

■ TURISTI MORDI E FUGGI

Abbiamo chiesto a cinquanta turisti di diversa nazionalità, alla fine del loro breve soggiorno fiorentino (quattro giorni e tre notti), quali erano, secondo loro, le cinque cose della città assolutamente da non perdere. Tutti hanno segnalato la **Galleria degli Uffizi**, quasi tutti **Ponte Vecchio** e **Palazzo Pitti** e così il **Duomo** e il **Battistero di San Giovanni**. Dal sondaggio è poi risultato che molti, soprattutto giapponesi e statunitensi, ritengono fondamentale dedicare del tempo allo shopping in **negozi "grandi firme"**, mentre, ai tedeschi piace il **Giardino di Boboli**, agli inglesi il **panorama** su Firenze da **Piazzale Michelangelo** e agli spagnoli la **Basilica di San Lorenzo**.

I NUMERI

I cinquanta "nostri" turisti hanno fatto il nome di una trentina di posti tra musei, palazzi, monumenti, chiese, strade, piazze e negozi. Ecco a voi chi occupa le prime cinque posizioni, la classifica di consolazione e le voci nere, vale a dire le tre cose più brutte del viaggio:

TOP FIVE

1)	Galleria degli Uffizi	**50**
2)	Ponte Vecchio	**48**
3)	Palazzo Pitti	**41**
4)	Duomo	**40**
5)	Battistero di San Giovanni	**39**

CLASSIFICA DI CONSOLAZIONE

6)	Giardino di Boboli	**27**
7)	La vista da Piazzale Michelangelo	**18**
8)	Fare shopping	**13**

LA VOCE DELLA PROTESTA

1)	Orari limitati dell'apertura dei musei	**8**
2)	Prezzi a volte troppo alti	**7**
3)	Borseggiatori (ladri di borse o portafogli)	**1**

Indicate se le affermazioni che seguono sono vere o false.

	vero	falso
1) Agli spagnoli piace molto la Basilica di San Lorenzo	☐	☐
2) Agli statunitensi interessa solo visitare i musei	☐	☐
3) A pochi interessa Palazzo Pitti	☐	☐
4) Molti che vengono dalla Germania sono affascinati dal Giardino di Boboli	☐	☐
5) Alcuni hanno protestato per i limitati orari di apertura dei musei	☐	☐
6) Penultimo della top five è risultato il Battistero di San Giovanni	☐	☐
7) Tutti hanno segnalato Ponte Vecchio	☐	☐
8) In pochi hanno votato per il Duomo	☐	☐
9) Quasi tutti hanno indicato la Galleria degli Uffizi	☐	☐
10) Alcune persone hanno protestato per i prezzi troppo alti	☐	☐

CURIOSITÀ

I grandi Uffizi. Dopo anni di cattiva gestione e la bomba del '93, il più grande museo italiano, che ospita opere come il Tondo Doni e la Primavera del Botticelli, si proietta in una nuova dimensione: niente più code all'entrata, luci al posto giusto che daranno risalto alle opere, sponsor e ampliamento dell'area di tre volte tanto quella attuale. Per voi visitatori tanti vantaggi e servizi in più.

■ TURISTI DAI LUNGHI SOGGIORNI

Abbiamo intervistato cinquanta stranieri di diversa nazionalità che passeranno un periodo di almeno un mese a Firenze, per sapere quali sono i primi cinque motivi che li hanno spinti a venire nella città toscana. Non sorprendono le risposte che definiamo generali, come **"per l'atmosfera che si respira in città"** o **"per visitare con calma i tanti musei"**. Stupisce, invece, il risultato dato dal **"piacere di passare una vacanza in agriturismo"**. Numerose, anche le preferenze date ai vari **corsi di lingua e cultura italiana**, di **restauro**, di **enologia**, di **cucina regionale**, di **disegno e pittura**. Da segnalare anche l'interesse per il **commercio**. Quasi tutti nominano Firenze e la Toscana come posto ideale per vivere.

I NUMERI

I "cinquanta" del sondaggio hanno fatto riferimento ad una trentina di motivazioni e così come per le altre inchieste, vi riportiamo la top five, la classifica di consolazione e l'ultimo posto:

TOP FIVE

1)	L'atmosfera della città	**45**
2)	Corso di lingua e cultura italiana	**38**
3)	Vacanza in agriturismo vicino Firenze	**31**
4)	Corso di restauro	**24**
5)	Visitare con calma i musei	**23**

CLASSIFICA DI CONSOLAZIONE

6) Corso di disegno e pittura **18**

7) Corso di enologia **16**

8) Corso di cucina regionale **14**

ULTIMO POSTO

Sono arrivate ultime ex aequo, le voci:

Il mio fidanzato **1**

Il suo fidanzato **1**

Esercizio 3

Quale di queste tre serie corrisponde in ogni sua parte al testo?

1

- A Firenze molti apprezzano l'atmosfera che si respira in città
- I turisti frequentano soprattutto corsi di enologia
- A molti turisti piace passare un periodo in agriturismo

2

- A nessuno piace frequentare corsi di disegno
- A tanti piace occuparsi di restauro
- Alcuni vengono a Firenze solo per bere molto vino

3

- Diversi generi di corsi sono frequentati da stranieri
- A molti piace visitare con calma i musei
- Alcuni sono interessati alla cucina regionale

Costa San Giorgio

CINEMA

A Firenze, tra cinema di **prima visione**, di **seconda visione** e pochi altri che proiettano **film per adulti**, ci sono circa cinquanta sale cinematografiche.

Normalmente gli spettacoli sono quattro, il primo inizia intorno alle 16 e l'ultimo, quasi in tutte le sale alle 22,45. I film stranieri sono quasi tutti **doppiati** ed è quindi difficile assistere a spettacoli in **lingua originale**, se non per iniziativa di alcune sale. D'estate chi non vuole perdersi una serata davanti al grande schermo può anche scegliere di andare in un'arena e godersi oltre al film anche un po' di fresco.

Per essere al corrente dei programmi dei cine-club, dove è possibile vedere capolavori del passato, vi consigliamo di consultare il mensile **Firenze spettacolo**: qui troverete informazioni dettagliate su tutto ciò che c'è da fare in città.

CINEMA, CHE PASSIONE!

Se siete amanti di Firenze e ostinati **cinefili**, può essere una buona idea arricchire la vostra **videoteca** con i **DVD** dei tanti film, italiani e stranieri, che hanno come **cornice** la città del giglio.

Un'altra proposta è di andare a vedere i **capolavori** girati a Firenze, anche per meglio capire come il cinema sia riuscito a dare un' immagine così varia della città. E notare come Firenze continui nel tempo a scuotere la sensibilità delle personalità più appassionate. Il capoluogo toscano ha ispirato diversi autori, divenendo un affascinante scenario per tanti generi di film: dal capolavoro neorealista **Paisà** di **Roberto Rossellini**, all'adattamento del romanzo di **Edward Morgan Forster**, **Camera con vista**, diretto da **James Ivory**. Dalle commedie **Amici miei** e **Amici miei atto II** di **Mario Monicelli**, famose per le "zingarate" (zingarate? scherzi), al drammatico **Ritratto di Signora** di **Jane Campion**. Dal thriller **La Sindrome di Stendhal** di **Dario Argento**, al raffinato **Complesso di colpa** di **Brian De Palma**.

TEATRO

Firenze ha una grande tradizione nel campo dello spettacolo. Già nel Cinquecento veniva inaugurato il primo teatro moderno: il Teatro Mediceo degli Uffizi, poi demolito.

Oggi si continua a fare molta attenzione alla programmazione delle varie sale e ogni anno la stagione della prosa ospita le migliori compagnie. Tra i tanti teatri ricordiamo quello, forse, più prestigioso della città, il **Teatro della Pergola**, in Via della Pergola 18/32. Costruito nel Seicento con una struttura in legno, fu modificato un secolo dopo e rifatto in muratura. Nell'Ottocento è stato di nuovo restaurato, reso più bello e funzionale.

*Collegate ogni titolo di film che trovate nell settore **A**, all'anno di produzione, al regista e ai protagonisti, elencati nel settore **B**.*

Settore A

a) Metello
b) Amici miei
c) Le ragazze di San Frediano
d) Camera con vista
e) La sindrome di Stendhal
f) Paisà
g) Ritratto di signora
h) Complesso di colpa
i) Cronache di poveri amanti
l) Cronaca familiare

Settore B

1) 1995; di Jane Campion, con Nicole Kidman
2) 1946; di Roberto Rossellini, con Harriet White, Renzo Avanzo e Giulietta Masina
3) 1970; di Mauro Bolognini, con Massimo Ranieri, Ottavia Piccolo e Lucia Bosè
4) 1954; di Valerio Zurlini, con Antonio Cifariello
5) 1975; di Mario Monicelli, con Ugo Tognazzi, Philippe Noiret, Gastone Moschin, Adolfo Celi e Duilio Del Prete
6) 1976; di Brian De Palma, con Geneviève Bujold e Cliff Robertson
7) 1996; di Dario Argento, con Asia Argento
8) 1985; di James Ivory, con Helena Bonham Carter e Julian Sands
9) 1962; Valerio Zurlini, con Marcello Mastroianni e Jacques Perrin
10) 1954; di Carlo Lizzani, con Marcello Mastroianni

*Di quale film si tratta? Collegate ognuna delle scene o notizie del settore **C** con il corrispondente film del settore **A** dell'esercizio precedente.*

Settore C

1) Sequenze girate per le strade di Santa Croce.

2) Rievocazione della Firenze povera di inizio secolo.

3) Scena di un accoltellamento a Piazza della Signoria.

4) Suggestive sequenze girate agli Uffizi.

5) Simbolico attraversamento dell'Arno.

6) Amicizie ed amori di alcuni giovani di Via del Corno.

7) Famosa zingarata alla stazione.

8) Avventure sentimentali di un meccanico.

9) Un'infermiera attraversa la città alla ricerca dell'uomo di cui è innamorata.

10) Dopo la morte del fratello minore, un giornalista rievoca il difficile, ma affettuoso, rapporto con lui .

E ora tocca a voi... **"Essere o non essere"**
Recitate i primi versi della Divina Commedia, *provando a interpretarla con toni differenti.*

Nel mezzo del cammin di nostra vita
Mi ritrovai per una selva oscura,
Che la diritta via era smarrita.

MUSICA, MAESTRO!

Per gli appassionati di musica classica e di musica lirica il punto di riferimento in città è sicuramente il **Teatro Comunale** in Corso Italia 16. Il teatro, progettato nel 1862 e ristrutturato durante gli anni Sessanta, può contenere circa duemila spettatori. Importantissimo è anche il **Maggio Musicale Fiorentino**, manifestazione che ha luogo dagli ultimi giorni di aprile ai primi di luglio e propone concerti di altissimo livello.

Esercizio 4

Per ognuno dei tre gruppi c'è un intruso, scoprite quale:

A	B	C
1) Chitarra	**1)** Saxofono	**1)** Tenore
2) Violino	**2)** Tromba	**2)** Basso
3) Flauto	**3)** Trombone	**3)** Contralto
4) Arpa	**4)** Pianoforte	**4)** Alto
5) Violoncello	**5)** Clarinetto	**5)** Soprano

Foto di scena tratta dal film **Camera con vista**

*Valutate il vostro **grado di fiorentinità**, affrontando la prova chiamata **"fiorentini doc"**. L'esame è diviso in tre parti; per ognuna di queste dovete immaginare di andare in un **mercato di Firenze** e svolgere gli esercizi richiesti. Controllate nelle chiavi se le vostre risposte sono corrette e fate il calcolo dei punti ottenuti. Infine guardate a quale giudizio corrisponde il vostro punteggio (solo gli esercizi 1 e 2 di ognuna delle tre prove fanno parte dell'esame, gli esercizi 3 e 4 sono attività extra).*

*Per svolgere la prima prova, immaginate di andare al **Mercato Centrale** o a quello di **San Lorenzo** (avete 15 minuti di tempo per terminare gli esercizi).*

IL MERCATO CENTRALE

Il **Mercato Centrale di San Lorenzo** è al **coperto** e si trova a Via dell' Ariento. **Unite l'utile al dilettevole** e andate a curiosare tra i **banchi** del mercato alimentare più grande di Firenze. Qui, oltre a passeggiare tra mille colori e tanti diversi personaggi, potete trovare tutto quello che vi serve per fare la spesa, dalla **frutta** alla **verdura** e dal **pesce fresco** alla **carne**.

IL MERCATO DI SAN LORENZO

Se andate al Mercato Centrale, allora fate un salto anche al vicinissimo **Mercato di San Lorenzo**, qui si trovano prodotti di ogni genere, dai più stravaganti **souvenir** ai più audaci **capi in pelle**. Ed è forse per questo motivo che tanti turisti hanno fatto del mercato in Piazza San Lorenzo una delle loro mete preferite. Da controllare i periodi e gli orari di apertura.

Esercizio 1

"Cosa vuol dire?"

Scegliete tra le due alternative (ogni risposta corretta vale 1 punto).

Cosa vuol dire **"non essere né carne né pesce"?**

A) Non avere caratteristiche di spicco. ☐

B) Trovarsi fra due pericoli. ☐

Cosa vuol dire **"essere alla frutta"?**

A) Mettere giudizio. ☐

B) Essere al limite delle proprie risorse. ☐

Cosa vuol dire **"andare via come il pane"?**

A) Vendere merce con estrema facilità. ☐

B) Scappare velocemente. ☐

Esercizio 2

"Come si chiama?"

Dovete comprare la pasta, ne conoscete il nome di almeno 5 tipi? (solo le risposte complete e corrette valgono 1 punto).

Esercizio 3

Gioco di ruolo.

Siete al mercato, fingete di fermarvi a chiacchierare con una persona che non conoscete su un argomento a scelta (va bene tutto, dall'ultima partita della Fiorentina alla crisi di governo).

Esercizio 4

Scrivete gli ingredienti per fare la ribollita.

> *Per svolgere la seconda prova immaginate di andare al Mercato delle Pulci o al Mercato Nuovo (Avete 15 minuti di tempo per terminare gli esercizi):*

IL MERCATO DELLE PULCI

Il Mercato delle Pulci si trova a **Piazza Ciompi**. È un mercato permanente, aperto tutti i giorni dal martedì al sabato. Mentre l'ultima domenica del mese trovano spazio anche le **bancarelle degli ambulanti**. Mercato divertente con tante possibilità di acquisti interessanti. Raccomandato a chi vuole entrare nel regno del piccolo **antiquariato** e del **bric-à-brac**. Obbligatorio trattare sui prezzi, ma anche grande attenzione, perché si possono fare **buoni affari**, così come rischiare di comprare un oggetto d'epoca che d'epoca non è.

IL MERCATO NUOVO

Il Mercato Nuovo si trova alla Loggia del Porcellino in Via Calimala ed è conosciuto soprattutto con il nome di **"Mercato del Porcellino"** per via di una statua in bronzo di un **cinghiale portafortuna**. Chi lo accarezza avrà la **cabala** dalla sua e ritornerà sicuramente in città. Inoltre, chi vuole, può tentare di ottenere dalla **dea bendata** un'aggiunta di **buona sorte** provando il lancio della monetina.

Riuscirete a raggiungere il vostro scopo solo se al primo tentativo la moneta rimarrà sulla **base della statua**. Il mercato è vivace, raccomandata una passeggiata tra i banchi. Gli orari cambiano secondo la stagione, meglio controllare.

"Cosa vuol dire?"

Scegliete tra le due alternative (ogni risposta corretta vale 1 punto).

Cosa vuol dire **"avere una fortuna sfacciata"**?

A) Essere molto fortunato. ☐

B) Essere molto sfortunato. ☐

Cosa vuol dire **"afferrare la fortuna per i capelli"**?

A) Cogliere un'occasione favorevole. ☐

B) Passare un periodo sfortunato. ☐

Cosa vuol dire **"portare iella"**?

A) Portare fortuna. ☐

B) Portare sfortuna. ☐

"Come si chiama?"

Siete davanti ad un bancone che vende oggetti per arredare una stanza da letto, ne conoscete il nome di almeno 5? (solo le risposte complete e corrette valgono 1 punto).

Gioco di ruolo.

Siete al Mercato delle Pulci, prima di comprare una qualsiasi cosa, tirate sul prezzo, vale a dire contrattate e contrattate.

Scrivete sul vostro quaderno la descrizione dettagliata della vostra stanza da letto.

Per svolgere la terza prova immaginate di andare al Mercato delle Cascine o a quello delle Piante (avete 15 minuti di tempo per terminare gli esercizi):

IL MERCATO DELLE CASCINE

Alle Cascine, il parco più grande di Firenze, si tiene un mercato tutti i martedì. Divertente esplorare tra le tante bancarelle che vendono soprattutto **abbigliamento nuovo ed usato**, ma anche altro genere di **merce**, insomma, si trova un po' di tutto.

IL MERCATO DELLE PIANTE

Questo mercato, che si trova in Via Pellicceria, merita una visita soprattutto da parte di chi è interessato alle **piante ornamentali ed aromatiche**. Colori per la **vista** ed odori per l'**olfatto**: finirà che vi **gira la testa**.

Esercizio 1

"Cosa vuol dire?"

Scegliete tra le due alternative (ogni risposta corretta vale 1 punto).

Cosa vuol dire "**avere il pollice verde**"?

A) Saper scegliere la soluzione più facile. ☐

B) Coltivare piante con ottimo risultato. ☐

Cosa vuol dire "**piantare grane**"?

A) Sperare in un futuro migliore. ☐

B) Creare fastidi. ☐

Cosa vuol dire "**curare il proprio orticello**"?

A) Essere avido. ☐

B) Occuparsi dei fatti propri. ☐

Esercizio 2

"Come si chiama?"

Siete al mercato delle piante, sapete dire il nome di 5 varietà di piante. (solo le risposte complete e corrette valgono 1 punto).

Esercizio 3

Gioco di ruolo.

Siete al Mercato delle Piante, chiedete al fioraio come curare una pianta malata del vostro balcone.

Esercizio 4

Scrivete un biglietto da mandare ad una persona insieme ad una bellissima pianta d'appartamento.

PUNTEGGIO

Punteggio da 1 a 4: "turisti per caso"

Si consiglia a chi vive all'estero una partenza immediata per Firenze e a chi è già nella città del giglio di lasciarsi andare e di essere protagonisti della vita cittadina. Tra un breve periodo sarete pronti per affrontare con successo qualsiasi conversazione in italiano.

Punteggio da 5 a 8: "più viaggiatori che turisti"

Il vostro italiano è già di buon livello e questo vi permette di guardare la città con occhi più attenti. Non vi limitate a passeggiare per Piazza della Signoria e Ponte Vecchio, ma cercate anche di capire le abitudini e il rapporto con la vita di chi ogni mattina, abitando a Firenze, si sveglia e si trova davanti alle più alte espressioni dell'arte.

Punteggio da 9 a 12: "fiorentini doc"

Un appartamento nel quartiere di Santo Spirito è quello che fa per voi, parlate un ottimo italiano e vi muovete con disinvoltura in tutte le situazioni del quotidiano. Probabilmente avete capito tanti paradossi della città e molte cose non vi sembrano più strane, anzi, vi sembrano del tutto naturali.

Piazza della Signoria

LE CHIAVI

Il clima

esercizio 1:
1) caldo;
2) freddo;
3) caldo;
4) caldo;
5) freddo.

esercizio 2:
1) Non si muove una foglia (non c'è vento);
2) Soffia un vento tagliente (c'è vento);
3) Non c'è un filo di vento (non c'è vento);
4) C'è un ventaccio (c'è vento);
5) C'è un vento che ti taglia le orecchie (c'è vento).

esercizio 3:
1) sì;
2) no;
3) no;
4) no;
5) no.

esercizio 4:
1) falso;
2) falso;
3) vero;
4) falso;
5) falso.

Come arrivare

esercizio 1:

1) Amerigo Vespucci;
2) A Peretola;
3) Con i servizi autobus o con il taxi.

esercizio 2:

1) faccio;
2) lascio;
3) imbarco;
4) volo;
5) decolla;
6) atterrare;
7) sicurezza;
8) scendo;
9) ritirare.

IN TRENO

esercizio 3:

- perdere il treno: lasciarsi sfuggire un'occasione
- finire su un binario morto: trovarsi in una situazione senza sbocchi
- uscire dai binari: andare fuori argomento
- fare le valigie: andarsene
- rientrare nei binari: ritornare alla normalità

esercizio 4:

1) falso;
2) falso;
3) falso;
4) vero.

esercizio 5:
ad esempio:
1) giungere/partire;
2) facile/difficile;
3) desiderate/detestate;
4) parcheggiare/proseguire con;
5) altissimo/bassissimo;
6) tenete presente/dimenticatevi;
7) comodamente/con fatica.

Trasporti

esercizio 1:
1) presso i distributori automatici, i bar e le tabaccherie;
2) appena saliti in autobus;
3) vi fanno la multa.

esercizio 2:
1-G / 2-E / 3-F / 4-B / 5-A / 6-D / 7-C

Itinerario "Elisabeth Barrett e Robert Browning"

esercizio:
1) Da Piazzale Michelangelo;
2) Viale Giuseppe Poggi;
3) Piazza Giuseppe Poggi;
4) Lungarno Cellini;
5) Oltrarno.

Itinerario "baci e abbracci"

esercizio:

1-carta / 2-cotone / 3-cuoio / 10-stagno / 15-porcellana / 20-cristallo / 25-argento / 50-oro / 60-diamante

Itinerario "guelfi e ghibellini"

esercizio:

2 / 1 / 5 / 3 / 4

Dove mangiare

esercizio 1:

scopa

esercizio 2:

1-C / 2-G / 3-B / 4-A / 5-D / 6-E / 7-F

esercizio 3:

1) Il cucchiaio all'estrema destra del piatto; il coltello alla sinistra del cucchiaio, tra questo e il piatto; la forchetta alla sinistra del piatto;

le posate da dessert: il cucchiaio, al di sopra del piatto, con l'impugnatura rivolta verso destra; la forchetta, sopra il cucchiaio, con l'impugnatura verso sinistra; sopra la forchetta, il coltello, con la lama verso il piatto e l'impugnatura a destra.

2) Il più grande a sinistra per l'acqua, quello un po' più piccolo al centro per il vino rosso, il più piccolo a destra per il vino bianco.

3) Più in basso il piatto piano, sopra il piatto fondo, sopra ancora un piatto piano più piccolo per gli antipasti.

esercizio 4:

In questo esercizio non ci sono risposte esatte o sbagliate. Non vogliamo fare un elenco di regole sul come comportarsi in occasioni sociali, ma dare uno spunto per una riflessione sulle differenze, individuali o di cultura d'origine, di proprie abitudini quotidiane.

Le cinque cose

esercizio 1:

A-3 / B-2 / C-1

esercizio 2:

1) vero;
2) falso;
3) falso;
4) vero;
5) vero;
6) falso;
7) falso;
8) falso;
9) falso;
10) vero.

esercizio 3:

3

Gli itinerari dello spettacolo

esercizio 1:
a-3 / b-5 / c-4 / d-8 / e-7 / f-2 / g-1 / h-6 / i-10 / l-9
esercizio 2:
a-2 / b-7 / c-8 / d-3 / e-4 / f-9 / g-1 / h-5 / i-6 / l-10
esercizio 3:
flauto / pianoforte / alto
esercizio 4:
A-3 / B-4 / C-4

Esame di lingua italiana

(I MERCATI)

I prova
esercizio 1:
1) Non avere caratteristiche di spicco
2) Essere al limite delle proprie risorse
3) Vendere merce con estrema facilità

esercizio 2:
ad esempio:
1) spaghetti;
2) penne;
3) rigatoni;
4) farfalle;
5) fettuccine.

esercizio 4:
Cavolo nero, verza, bietola, fagioli, patate,
passata di pomodoro, pane, cipolle, aglio, olio, sale e pepe.

II prova

esercizio 1:
    1) Essere molto fortunato
    2) Cogliere un'occasione favorevole
    3) Portare sfortuna

esercizio 2:
    ad esempio:
    1) lume;
    2) scendiletto;
    3) tende;
    4) specchio;
    5) cornice per manifesto.

III prova

esercizio 1:
    1) Coltivare piante con ottimo risultato
    2) Creare fastidi
    3) Occuparsi dei fatti propri

esercizio 2:
    ad esempio:
    1) ciliegio (albero da frutto);
    2) oleandro;
    3) edera (pianta rampicante);
    4) gardenia;
    5) fico d'India (pianta grassa).

AGENDA

In questa agenda segnaliamo alcuni indirizzi e numeri di telefono che pensiamo possano esservi utili. Ma, attenzione: può capitare che un numero di telefono cambi, quindi, per maggior sicurezza è sempre meglio telefonare all'APT (azienda promozione turistica) di Firenze. Qui vi daranno informazioni dettagliate e aggiornate su alloggi, musei, luoghi di fede, spettacoli, sport e sulle altre notizie che vi interessano.

APT, Via Manzoni 16 - 50121 Firenze
Tel. 05523320
E-mail: apt@firenzeturismo.it
Sito web: www.firenzeturismo.it

NUMERI UTILI

Polizia pronto intervento **Tel. 113**
Carabinieri **Tel. 112**
Vigili del fuoco **Tel. 115**
ACI (soccorso stradale) **Tel. 116**
Emergenza medica **Tel. 118**
Farmacie aperte non stop **Tel. 800420707**
Oggetti smarriti **Tel. 0552352190**

BIBLIOTECHE
Biblioteca Nazionale Centrale
P.zza Cavalleggeri, 1
Biblioteca Marucelliana
Via Cavour, 43
Biblioteca Riccardiana
Via Ginori, 10
Biblioteca Medicea Laurenziana
P.zza San Lorenzo, 9
Gabinetto Vieusseux
Piazza degli Strozzi (Palazzo Strozzi)

LIBRERIE
Feltrinelli International
Via Cavour, 12r
Feltrinelli
Via Cerretani, 30r
Libreria Martelli
Via Martelli, 22r
Libreria Edison
Piazza della Repubblica, 27r
Mel Bookstore
Via de' Cerretani, 16r
Salimbeni
Via Palmieri, 14-16r
(specializzata in libri d'arte)

CAMPEGGI
Campeggio "Michelangelo"
Viale Michelangelo, 80 - Tel. 0556811977
Campeggio Villa Di Camerata
Viale A. Righi, 2-4 - Tel. 055600315

OSTELLI
Archi Rossi
Via Faenza, 94r - Tel. 055290804
Santa Monaca
Via Santa Monaca, 6 - Tel. 055268338
Villa Camerata
Via A. Righi, 2-4 - Tel. 055601451

NOLEGGIO AUTO
Avis Autonoleggio
Borgo Ognissanti, 128r - Tel. 0552398826
Hertz
Via Finiguerra, 33r - Tel. 0552398205
Maggiore
Via Finiguerra, 11r - Tel. 055210238

NOLEGGIO BICI E MOTO
Alinari
Via Guelfa, 85r - Tel. 055280500
Florence by bike
Via San Zenobi 91r - Tel. 055488992

ANNOTAZIONI

....

....

....

....

....

....

....

ANNOTAZIONI

....

....

....

....

....

....

....

....

....

....

....

....

....

....

....

....

....

....

L'italiano per stranieri

Ambroso e Di Giovanni
L'ABC dei piccoli

Ambroso e Stefancich
Parole
10 percorsi nel lessico italiano
esercizi guidati

Anelli
Tante ide...
per (far) apprendere l'italiano

Avitabile
Italian for the English-speaking

Balboni
GrammaGiochi
per giocare con la grammatica

Barki e Diadori
Pro e contro
conversare e argomentare in italiano
• **1** livello intermedio - libro dello studente
• **2** livello intermedio-avanzato - libro dello studente
• guida per l'insegnante

Barreca, Cogliandro e Murgia
Palestra italiana
esercizi di grammatica
livello elementare/pre-intermedio

Battaglia
Grammatica italiana per stranieri

Battaglia
**Gramática italiana para
estudiantes de habla española**

Battaglia
Leggiamo e conversiamo
letture italiane con esercizi per la conversazione

Battaglia e Varsi
Parole e immagini
corso elementare di lingua italiana
per principianti

Bettoni e Vicentini
Passeggiate italiane
lezioni di italiano - livello avanzato

Blok-Boas, Materassi e Vedder
Letture in corso
corso di lettura di italiano
• **1** livello elementare e intermedio
• **2** livello avanzato e accademico

Buttaroni
Letteratura al naturale
autori italiani contemporanei
con attività di analisi linguistica

Camalich e Temperini
Un mare di parole
letture ed esercizi di lessico italiano

Carresi, Chiarenza e Frollano
L'italiano all'Opera
attività linguistiche attraverso 15 arie famose

Chiappini e De Filippo
Un giorno in Italia 1
corso di italiano per stranieri
principianti · elementare · intermedio
• libro dello studente con esercizi + cd audio
• libro dello studente con esercizi (senza cd audio)
• guida per l'insegnante + test di verifica
• glossario in 4 lingue + chiavi degli esercizi

Chiappini e De Filippo
Un giorno in Italia 2
corso di italiano per stranieri
intermedio · avanzato
• libro dello studente con esercizi + cd audio
• libro dello studente con esercizi (senza cd audio)
• guida per l'insegnante + test di verifica + chiavi

Cini
Strategie di scrittura
quaderno di scrittura - livello intermedio

Deon, Francini e Talamo
Amor di Roma
Roma nella letteratura italiana del Novecento
testi con attività di comprensione
livello intermedio-avanzato

Diadori
Senza parole
100 gesti degli italiani

du Bessé
PerCORSO GUIDAto - *guida di* **Roma**
con attività ed esercizi

du Bessé
PerCORSO GUIDAto - *guida di* **Firenze**
con attività ed esercizi

du Bessé
PerCORSO GUIDAto - *guida di* **Venezia**
con attività ed esercizi

Gruppo CSC
Buon appetito!
tra lingua italiana e cucina regionale

Gruppo META

Uno
corso comunicativo di italiano - primo livello
- libro dello studente
- libro degli esercizi e grammatica
- guida per l'insegnante
- 2 audiocassette / libro studente
- 1 audiocassetta / libro esercizi

Gruppo META

Due
corso comunicativo di italiano - secondo livello
- libro dello studente
- libro degli esercizi e grammatica
- guida per l'insegnante
- 3 audiocassette / libro studente
- 1 audiocassetta / libro esercizi

Gruppo NAVILE

Dire, fare, capire
l'italiano come seconda lingua
- libro dello studente
- guida per l'insegnante
- 1 cd audio

Istruzioni per l'uso dell'italiano in classe 1
88 suggerimenti didattici
per attività comunicative

Istruzioni per l'uso dell'italiano in classe 2
111 suggerimenti didattici
per attività comunicative

Istruzioni per l'uso dell'italiano in classe 3
22 giochi da tavolo

Jones e Marmini

Comunicando s'impara
esperienze comunicative
- libro dello studente
- libro dell'insegnante

Maffei e Spagnesi

Ascoltami!
22 situazioni comunicative
- manuale di lavoro
- 2 audiocassette

Marmini e Vicentini

Passeggiate italiane
lezioni di italiano - livello intermedio

Marmini e Vicentini

Ascoltare dal vivo
materiale di ascolto - livello intermedio
- quaderno dello studente
- libro dell'insegnante
- 3 cd audio

Paganini

issimo
quaderno di scrittura - livello avanzato

Pontesilli

Verbi italiani
modelli di coniugazione

Quaderno IT - n. 4
esame per la certificazione dell'italiano come L2
livello avanzato - prove del 2000 e del 2001
- volume + audiocassetta

Quaderno IT - n. 5
esame per la certificazione dell'italiano come L2
livello avanzato - prove del 2002 e del 2003
- volume + cd audio

Radicchi

Corso di lingua italiana
livello intermedio

Radicchi

In Italia
modi di dire ed espressioni idiomatiche

Stefancich

Cose d'Italia
tra lingua e cultura

Stefancich

Quante storie!
(di autori italiani contemporanei)
con proposte didattiche

Stefancich

Tracce di animali
nella lingua italiana
tra lingua e cultura

Svolacchia e Kaunzner

Suoni, accento e intonazione
corso di ascolto e pronuncia
- manuale
- set 5 cd audio

Tamponi

Italiano a modello 1
dalla letteratura alla scrittura
livello elementare e intermedio

Tettamanti e Talini
Foto parlanti
immagini, lingua e cultura

Ulisse
Faccia a faccia
attività comunicative
livello elementare-intermedio

Urbani
Le forme del verbo italiano
Verri Menzel
La bottega dell'italiano
antologia di scrittori italiani del Novecento

Linguaggi settoriali

Ballarin e Begotti
Destinazione Italia
l'italiano per operatori turistici
• manuale di lavoro
• 1 audiocassetta

Cherubini
L'italiano per gli affari
corso comunicativo di lingua e cultura
aziendale
• manuale di lavoro
• 1 audiocassetta

Dica 33
il linguaggio della medicina
• libro dello studente
• guida per l'insegnante
• 1 cd audio

L'arte del costruire
• libro dello studente
• guida per l'insegnante

Una lingua in pretura
il linguaggio del diritto
• libro dello studente
• guida per l'insegnante
• 1 cd audio

Pubblicazioni di glottodidattica

Gabriele Pallotti - A.I.P.I. Associazione Interculturale Polo Interetnico
Imparare e insegnare l'italiano come seconda lingua
• DVD + libro

Progetto ITALS

La formazione di base del docente...
a cura di Dolci e Celentin
L'italiano nel mondo
a cura di Balboni e Santipolo
Cedils. Certificazione in didattica...
a cura di Serragiotto

Il 'lettore' di italiano all'estero
a cura di Pavan
ITALS. Dieci anni di formazione e ricerca
a cura di Balboni, Dolci, Serragiotto

I libri dell'Arco

1. Balboni • **Didattica dell'italiano a stranieri**

2. Diadori • **L'italiano televisivo**

3. Micheli • **Test d'ingresso di italiano per stranieri**

4. Benucci • **La grammatica nell'insegnamento dell'italiano a stranieri**

5. AA.VV. • **Curricolo d'italiano per stranieri**

6. Coveri, Benucci, Diadori • **Le varietà dell'italiano**

Classici italiani per stranieri

testi con parafrasi a fronte* e note

1. Leopardi • *Poesie**
2. Boccaccio • *Cinque novelle**
3. Machiavelli • *Il principe**
4. Foscolo • *Sepolcri e sonetti**
5. Pirandello • *Così è (se vi pare)*
6. D'Annunzio • *Poesie**
7. D'Annunzio • *Novelle*
8. Verga • *Novelle*
9. Pascoli • *Poesie**
10. Manzoni • *Inni, odi e cori**
11. Petrarca • *Poesie**
12. Dante • *Inferno**
13. Dante • *Purgatorio**
14. Dante • *Paradiso**
15. Goldoni • *La locandiera*
16. Svevo • *Una burla riuscita*

Libretti d'Opera per stranieri

testi con parafrasi a fronte* e note

1. *La Traviata**
2. *Cavalleria rusticana**
3. *Rigoletto**
4. *La Bohème**
5. *Il barbiere di Siviglia**
6. *Tosca**
7. *Le nozze di Figaro*
8. *Don Giovanni*
9. *Così fan tutte*
10. *Otello**

Letture italiane per stranieri

1. Marretta
Pronto, commissario...? 1
16 racconti gialli con soluzione
ed esercizi per la comprensione del testo

2. Marretta
Pronto, commissario...? 2
16 racconti gialli con soluzione
ed esercizi per la comprensione del testo

3. Marretta
Elementare, commissario!
8 racconti gialli con soluzione
ed esercizi per la comprensione del testo

Mosaico italiano

racconti italiani su 4 livelli

1. Santoni • *La straniera* - liv. 2
2. Nabboli • *Una spiaggia rischiosa* - liv. 1
3. Nencini • *Giallo a Cortina* - liv. 2
4. Nencini • *Il mistero del quadro di Porta Portese* - liv. 3
5. Santoni • *Primavera a Roma* - liv. 1
6. Castellazzo • *Premio letterario* - liv. 4
7. Andres • *Due estati a Siena* - liv. 3
8. Nabboli • *Due storie* - liv. 1
9. Santoni • *Ferie pericolose* - liv. 3
10. Andres • *Margherita e gli altri* - liv. 2 e 3
11. Medaglia • *Il mondo di Giulietta* - liv. 2
12. Caburlotto • *Hacker per caso* - liv. 4
13. Brivio • *Rapito!* - liv. 1

www.bonacci.it

Bonacci editore

Finito di stampare nel mese di gennaio 2008 dalla Tibergraph s.r.l. - Città di Castello (PG)